INSTRUCTION DU 6 AOUT 1901

SUR LE SERVICE DES

ÉCOLES RÉGIMENTAIRES

DES CORPS DE TROUPES D'INFANTERIE

ET SUR LA PRÉPARATION DES

CANDIDATS A L'ÉCOLE MILITAIRE D'INFANTERIE

(TROUPES MÉTROPOLITAINES ET TROUPES COLONIALES)

2ᵉ édition, mise à jour jusqu'en mars 1904

PARIS

HENRI CHARLES-LAVAUZELLE

Éditeur militaire

10, Rue Danton, Boulevard Saint-Germain, 118

(MÊME MAISON A LIMOGES)

INSTRUCTION DU 6 AOUT 1901

SUR LE SERVICE DES

ÉCOLES RÉGIMENTAIRES

DES CORPS DE TROUPES D'INFANTERIE

INSTRUCTION DU 6 AOUT 1901

SUR LE SERVICE DES

ÉCOLES RÉGIMENTAIRES

DES CORPS DE TROUPES D'INFANTERIE

ET SUR LA PRÉPARATION DES

CANDIDATS A L'ÉCOLE MILITAIRE D'INFANTERIE

(TROUPES MÉTROPOLITAINES ET TROUPES COLONIALES)

2ᵉ édition, mise à jour jusqu'en mars 1904

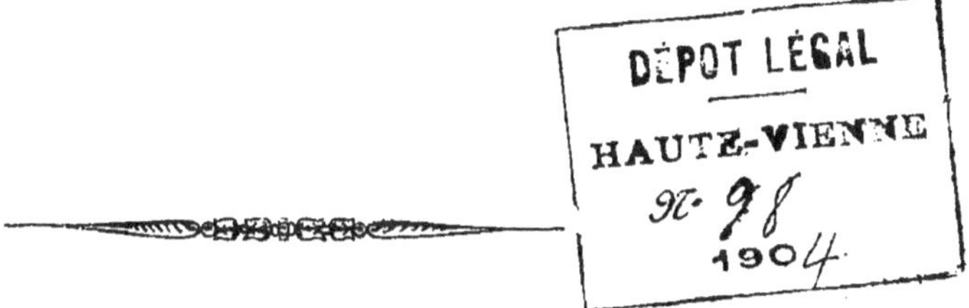

PARIS

Henri CHARLES-LAVAUZELLE

Éditeur militaire

10, Rue Danton, Boulevard Saint-Germain, 118

(MÊME MAISON A LIMOGES)

INSTRUCTION DU 6 AOUT 1901

SUR LE SERVICE DES

ÉCOLES RÉGIMENTAIRES

DES CORPS DE TROUPES D'INFANTERIE

Paris, le 6 août 1901.

CHAPITRE Iᵉʳ.

OBJET ET DIVISION DU SERVICE.

Dans chaque régiment d'infanterie, ou bataillon formant corps, le service des écoles régimentaires comprend le cours primaire et le cours préparatoire.

Le cours primaire est destiné aux illettrés.

Le cours préparatoire a pour but de développer l'instruction générale des gradés désireux d'arriver au grade de sous-lieutenant.

CHAPITRE II.

COURS PRIMAIRES DE COMPAGNIE.

Le cours primaire est obligatoire pour les illettrés seulement ; ils cessent d'y assister dès qu'ils savent lire, écrire et compter.

Dans chaque compagnie, le sergent-major, aidé des moniteurs nécessaires, est spécialement chargé de l'instruction primaire sous la direction du capitaine et la surveillance des chefs de peloton.

L'école se fait chaque jour dans les chambres de la compagnie.

CHAPITRE III.

COURS PRÉPARATOIRE.

Le cours préparatoire, divisé en deux degrés, commence le 15 novembre et se poursuit jusqu'au 1ᵉʳ août. Il est facultatif. L'admission des élèves aux cours du premier et du deuxième degré est prononcée sur leur demande par le chef de corps.

Sont admis à suivre le cours du premier degré les gradés, sous-officiers et caporaux ayant plus d'un an de service, susceptibles de concourir par la suite pour l'admission à l'Ecole militaire d'infanterie.

Les élèves admis au cours du premier degré sont tenus de le suivre pendant toute l'année scolaire ; ils peuvent y être maintenus au delà d'une année, jusqu'à ce que leur instruction leur permette de passer au cours du deuxième degré.

Le cours du deuxième degré est réservé exclusivement aux sous-officiers qui doivent être présentés par le chef de corps, dans l'année courante, pour le grade de sous-lieutenant. Ceux dont la proposition pour ce grade n'est pas maintenue sont, par le fait même, rayés du cours du deuxième degré et réadmis, sur leur demande, au cours du premier degré.

Le cours du deuxième degré comprend deux périodes :

La 1re, du 15 novembre au 15 mars, a pour objet d'affermir et de compléter les connaissances acquises au cours du premier degré ;

La 2e, du 16 mars au 1er août, est consacrée spécialement à la préparation au concours d'admission à l'Ecole militaire d'infanterie.

Pour être présentés pour le grade de sous-lieutenant et être admis, s'ils le désirent, à suivre les séances de revision de la deuxième période du cours du second degré, les sous-officiers sont tenus de justifier qu'ils connaissent toutes les matières du programme du cours du premier degré et de la première période du cours du second degré.

Des examens ont lieu à cet effet dans les conditions fixées au chapitre VI.

Répartition de l'enseignement.

L'enseignement du cours préparatoire comprend : le français, l'histoire, la géographie, l'arithmétique, la géométrie plane et la topographie.

Il est réparti de la façon suivante :

Cours du premier degré.		*Cours du 2e degré (1re période).*	
Français	20 séances.	Français	6 séances.
Histoire	20 —	Géographie	6 —
Géographie	20 —	Arithmétique	5 —
Arithmétique	8 —	Géométrie et topogra-	
Géométrie	12 —	phie	8 —
	80		**25**

La deuxième période du cours du second degré comprend environ cinquante séances, qui sont consacrées à la revision des matières du programme et aux exercices d'application préparant directement aux examens d'admission à l'Ecole militaire d'infanterie.

CHAPITRE IV.

PERSONNEL.

L'enseignement du cours préparatoire est confié à des officiers du grade de lieutenant, choisis par le chef de corps, sur la présentation du lieutenant-colonel, en raison de leurs aptitudes spéciales et des études pour lesquelles ils auraient montré un goût particulier.

Ces officiers sont désignés pour une période de deux années au moins, de manière à professer successivement les cours du premier degré et ceux du deuxième degré.

Lorsque le nombre des officiers susceptibles de donner l'enseignement le permet, trois professeurs sont affectés aux cours de chaque degré : le premier, au cours de français, le second aux cours d'histoire et de géographie, le troisième aux cours d'arithmétique, de géométrie et de topographie. Dans le cas contraire, les cours sont répartis entre les officiers disponibles en raison de leurs aptitudes.

Dans chaque corps, un capitaine, nommé par le chef de corps, sur la proposition du lieutenant-colonel, est chargé de diriger l'enseignement du cours préparatoire ; il a sous ses ordres un secrétaire pour la conservation du matériel, la tenue des comptes et les écritures.

Dans les régiments et bataillons fractionnés, dans les écoles militaires qui ressortissent à l'arme de l'infanterie, et dans les compagnies formant corps, les chefs de corps sont chargés de prendre, pour le fonctionnement des écoles régimentaires, telles mesures qu'ils jugeront convenables, en conciliant les exigences du service avec les dispositions fondamentales du règlement.

CHAPITRE V.

ATTRIBUTIONS DU PERSONNEL.

Le chef de corps détermine les heures des différents cours et les réserve sur le tableau du service journalier. Les heures sont choisies de façon à ne pas distraire les élèves et les professeurs du principal exercice de la journée.

En principe, il est fait, chaque semaine, trois séances du 15 novembre au 15 mars et deux séances du 15 mars au 1er août.

La durée des séances est de une heure à une heure et demie.

Des séances spéciales sont toujours affectées aux cours de

chaque degré, de telle façon que les élèves des deux degrés ne soient jamais réunis, même s'ils ont le même professeur.

Le chef de corps exige que les élèves inscrits aux différents cours n'en soient distraits sous aucun prétexte.

La surveillance générale des écoles appartient au lieutenant-colonel.

Il rend compte au colonel de la marche de l'instruction et lui adresse en fin d'année le rapport d'ensemble du capitaine directeur avec ses observations.

Le capitaine dirige les professeurs.

Tout en leur laissant la plus grande initiative, il contrôle fréquemment les résultats acquis, interroge les élèves et se fait présenter les devoirs corrigés.

Il veille à ce que les professeurs restent dans les limites des programmes.

A la fin de chaque cours, il fait faire le relevé et la moyenne des notes obtenues par chaque élève dans le courant de l'année et les adresse au lieutenant-colonel. Ces notes sont communiquées aux chefs de bataillon et commandants de compagnie intéressés.

Les officiers professeurs sont responsables de l'ordre et de la tenue des classes. Ils rendent compte au capitaine des motifs d'absence des élèves, lui font connaître les punitions infligées et lui adressent à la fin de chaque mois les notes des élèves.

Une même séance peut être affectée à l'étude de plusieurs matières de même nature, si elles sont enseignées par le même officier.

Chaque séance est en général divisée en deux parties :

La première partie est consacrée aux interrogations sur la leçon et à la correction des devoirs. Autant que possible, les élèves sont tous interrogés et notés à chaque séance.

C'est en multipliant les interrogations que le professeur arrive à développer les qualités de jugement et de netteté d'esprit des élèves, car il les oblige ainsi à réfléchir, à concevoir et à exprimer clairement leur pensée. Tous les points de la leçon qui n'auraient pas été parfaitement compris sont l'objet d'explications détaillées.

La deuxième partie est consacrée à la leçon du jour. Le professeur n'a pas à développer les sujets traités dans les ouvrages mis à la disposition des élèves; il se borne à indiquer les parties du cours à étudier pour la séance suivante, attire l'attention des élèves sur les points les plus délicats et donne tous les éclaircissements qui seraient de nature à faciliter leur tâche.

Il évite d'entrer dans des détails qui surchargeraient inutilement la mémoire, s'efforce avant tout de bien mettre en lumière les idées générales, en laissant à chaque élève le soin d'acquérir par un effort personnel les connaissances du cours.

Dans l'intervalle des séances, les officiers professeurs peuvent, lorsqu'ils le jugent nécessaire, prendre certains élèves en particulier pour leur donner un complément d'instruction ou pour corriger leurs devoirs.

Ces leçons individuelles présentent la plus grande utilité dans la deuxième période du cours du deuxième degré, consacrée à la préparation aux examens d'admission à l'École de Saint-Maixent. C'est d'ailleurs en rendant aux élèves le travail intéressant, en s'occupant d'eux avec zèle et dévouement, que les professeurs obtiendront les meilleurs résultats.

Les chefs de corps accordent aux officiers professeurs les dispenses de service nécessaires pour leur permettre de préparer les cours et de corriger les devoirs.

Ils ne perdent pas de vue que, dans l'intérêt général de l'armée, il est de leur devoir de ne négliger aucun des éléments susceptibles de concourir à la bonne constitution des cadres.

CHAPITRE VI.

EXAMEN.

Du 15 mars au 1ᵉʳ avril, les sous-officiers susceptibles d'être présentés pour le grade de sous-lieutenant dans l'année sont soumis à un examen sur les matières du programme, qu'ils aient suivi ou non les cours.

La commission d'examen est composée de la manière suivante :

Le lieutenant-colonel ou le chef de corps dans les bataillons formant corps, président ;

Le chef de bataillon du sous-officier examiné, membre ;

Les officiers professeurs du cours du deuxième degré, membres.

L'examen comporte les mêmes épreuves écrites que le concours d'admission à l'École militaire d'infanterie et des interrogations sur toutes les matières du programme.

Cet examen ne donne lieu à aucun classement. Pour être proposés pour le grade de sous-lieutenant, les sous-officiers doivent obtenir au moins la note 8 dans chaque matière et la note moyenne 13 pour l'ensemble.

L'échelle des notes est la suivante :

Parfaitement 20.
Très bien 19, 18, 17.
Bien 16, 15, 14.

Assez bien 13, 12, 11.
Passable 10, 9, 8.
Médiocre 7, 6, 5.
Mal 4, 3.
Très mal 2, 1.
Nul 0.

CHAPITRE VII.

ÉDUCATION ET INSTRUCTION MILITAIRES.

L'éducation et l'instruction militaires des candidats au grade de sous-lieutenant sont données dans la compagnie.

Le capitaine et les officiers de compagnie saisissent toutes les occasions de leur inspirer le sentiment du devoir, de développer leur jugement et leur caractère ; ils veillent à ce qu'ils commandent avec tact.

Le capitaine s'assure qu'ils suivent avec assiduité les exercices physiques et d'escrime.

Les sous-officiers proposés doivent continuer à exercer effectivement les fonctions de leur grade et participer pendant toute l'année d'instruction aux exercices de leur compagnie, sous la réserve de ne pas être distraits du cours préparatoire.

Les officiers les guident dans l'étude des règlements et des connaissances militaires prévues au programme, et s'attachent à développer leur instruction militaire pratique en leur confiant un commandement effectif aussi bien dans les exercices à rangs serrés que dans les manœuvres en terrains variés et le service en campagne. Dans tous ces exercices, même à l'école du soldat et à l'école de compagnie à rangs serrés, les officiers doivent toujours faire appel au bon sens et au jugement des sous-officiers, en visant dans toute question le but tactique à atteindre.

Ils les exercent à remplir les missions qui peuvent être confiées à un chef de section dans le service de sûreté en marche ou en station, au cantonnement, dans les reconnaissances, etc., à rédiger un rapport court et simple, à exécuter un dessin explicatif des dispositions prises, à lire la carte, etc.

Pour laisser aux candidats, à l'approche des examens, toutes les facilités de travail, le chef de corps les dispense de tout service pendant les 4 ou 5 semaines qui précèdent l'époque probable des examens oraux d'admission à l'Ecole militaire d'infanterie.

A partir du 1er octobre, des officiers pris parmi ceux qui sont chargés des cours de révision, les guident dans leur préparation et leur font exécuter des exercices ayant pour but de développer leur instruction militaire en vue du concours.

CHAPITRE VIII.

CERTIFICAT D'INSTRUCTION MILITAIRE.

Dans chaque corps de troupe, une commission composée du chef de corps et des officiers supérieurs délivre le certificat d'instruction militaire aux sous-officiers qu'elle juge aptes, au point de vue professionnel, à être proposés pour le grade de sous-lieutenant.

Les sous-officiers appartenant à des fractions détachées sont envoyés à la portion principale pour subir l'examen.

La commission des bataillons formant corps ou des bataillons détachés hors du territoire du corps d'armée auquel appartient leur régiment, comprend le chef de bataillon et les capitaines.

Dans les écoles militaires ressortissant à l'infanterie, la commission est présidée par le commandant de l'école et comprend au moins cinq membres désignés par lui.

Les sous-officiers des sections de secrétaires d'état-major et de recrutement, d'infirmiers et de commis et ouvriers militaires d'administration se présentent, pour obtenir le certificat, devant la commission d'un corps d'infanterie désigné par le général commandant le corps d'armée et, autant que possible, le plus voisin de leur résidence.

Les généraux commandant les corps d'armée prennent, sous leur responsabilité, en ce qui concerne la délivrance du certificat aux sous-officiers appartenant à des fractions de corps de troupe inférieures à un bataillon détachées sur leur territoire, qui se trouvent dans des situations particulières, toutes les dispositions nécessaires, en observant de rester dans l'esprit dé la présente instruction.

La constatation de l'aptitude professionnelle des candidats comporte des épreuves analogues à celles de l'examen d'admission à l'Ecole militaire d'infanterie. Ces épreuves, qui doivent porter sur toutes les matières du programme d'instruction militaire, sont subies dans le courant du mois de mai.

Le certificat, conforme au modèle n° 1, n'est délivré qu'aux candidats qui ont obtenu une note moyenne égale ou supérieure à 8 dans chaque matière et une note moyenne égale ou supérieure à 13 pour l'ensemble des matières du programme d'instruction militaire.

Dispositions spéciales aux bataillons faisant partie des troupes de forteresse.

(Circ. du 9 mai 1903.)

Les sous-officiers appartenant à des quatrièmes bataillons affectés à la défense des places fortes sont proposés pour le grade de sous-lieutenant par le colonel du régiment.

Ils sont maintenus en principe à leur bataillon. Toutefois, ceux qui appartiennent à des compagnies détachées dans les forts peuvent être affectés à la portion principale par voie de mutation, toutes les fois que l'intérêt du service ne s'y oppose pas.

Dans tous les cas, les candidats appartenant aux compagnies détachées dans les forts, et qui n'auraient pu être l'objet d'une mutation, rentrent à la portion principale à partir du 1er octobre et y sont maintenus en subsistance jusqu'aux examens.

Le certificat d'instruction militaire est délivré aux sous-officiers qui ne sont pas affectés à la portion principale par une commission présidée par le lieutenant-colonel chef de groupe et composée, dans chaque bataillon, du chef de bataillon et des capitaines.

CHAPITRE IX.

DEVOIRS DU COMMANDEMENT.

Le commandement a le devoir d'exercer, à toute époque de l'année, le contrôle le plus actif sur le fonctionnement des cours des écoles régimentaires et sur le soin avec lequel les officiers de compagnie dirigent l'éducation et l'instruction militaires des candidats à l'École militaire d'infanterie.

Tout en laissant à chacun l'initiative la plus large, il veille à ce que tous apportent le zèle désirable à l'accomplissement de la tâche qui leur est confiée ; il s'intéresse aux méthodes employées, vérifie les résultats acquis et saisit toutes les occasions qui s'offrent à lui de se former une opinion personnelle sur la valeur des candidats qu'il aura à noter.

L'admission au concours pour l'École militaire d'infanterie constitue une véritable proposition pour le grade de sous-lieutenant. Il importe donc à la bonne constitution des cadres de l'armée que la préparation des sous-officiers jugés susceptibles de s'y présenter soit l'objet de l'attention la plus soutenue et que les officiers généraux se rendent compte personnellement, au cours de leurs inspections, que rien n'a été négligé pour l'assurer dans les conditions les meilleures.

Le Ministre de la guerre,
Général L. ANDRÉ.

ANNEXE N° 1.

CHAPITRE Ier.

PROGRAMMES D'ENSEIGNEMENT GÉNÉRAL.

Cours de français.

1er *Degré.*

Revision des règles de la grammaire.
Exercices de français.
Dictées.
Règles de style et de rédaction.
Exercices de rédaction.

2e *Degré.*

Lecture de morceaux choisis. Dictées et exercices de rédaction.

Ouvrages mis à la disposition des professeurs.

Larive et Fleury : 1° Deuxième année de grammaire, *livre du maître ;* 2° troisième année de grammaire, *livre du maître.*
Parties du livre à utiliser : Style et composition, de la page 230 à la page 269.
Notions d'histoire littéraire de la France : de la page 311 à la page 345.
3° Exercices français de troisième année, *livre du maître.*
Parties du livre à utiliser : sujets de rédaction et morceaux choisis.

Ouvrages mis à la disposition des élèves.

Larive et Fleury : La deuxième année de grammaire. Editeur : Armand Colin, 5, rue de Mézières.

Cours d'histoire.

Résumé d'histoire ancienne. — Les origines. La Chine et les Mongols. L'Inde. L'Egypte. Assyriens et Phéniciens. Les Juifs. Les Mèdes et les Perses. La Grèce. Lycurgue et Solon. Guerres médiques. Sparte. Athènes. Thèbes. Philippe et Alexandre. Rome. La conquête de l'Italie. Guerres puniques. Guerres civiles. Pompée et César. Cicéron. Chute de la République.

Les empereurs romains. L'anarchie militaire. Constantin. Le christianisme.

Résumé d'histoire du moyen âge. — La Gaule et les Francs. Charlemagne. La féodalité. Les croisades.

Formation du royaume de France. Les Capétiens. La guerre de Cent ans. Jeanne d'Arc.

Histoire moderne.

Louis XI. — Charles VIII. Louis XII. François Ier et Charles-Quint. La Renaissance. La Réforme. Les guerres de religion. Henri IV. Louis XIII et Richelieu.

Minorité de Louis XIV. — Mazarin. La Fronde. Traité des Pyrénées. Caractère de Louis XIV. Colbert. Louvois. Vauban.

Guerres de Dévolution et de Hollande. Traité de Nimègue. Révocation de l'édit de Nantes. La révolution de 1688 en Angleterre (résumé). Guerre de la Ligue d'Augsbourg. Paix de Ryswick. Guerre de la Succession d'Espagne. Traités d'Utrecht et de Rastadt.

Les lettres, les sciences et les arts sous Louis XIV.

Pierre le Grand et Charles XII (résumé).

Louis XV. — Régence du duc d'Orléans. Law. Fleury. Guerre de la Succession de Pologne. Guerre de la Succession d'Autriche. Guerre de Sept ans.

Acquisition de la Lorraine et de la Corse. Choiseul. Puissance maritime de l'Angleterre.

Résumé des luttes de la France et de l'Angleterre aux Indes et de la guerre de l'Indépendance des Etats-Unis. Traités de Versailles. Formation du royaume de Prusse et Frédéric le Grand (résumé).

La Russie sous Catherine II (résumé).

Le dix-huitième siècle ; lettres, sciences et arts.

Préliminaires de la Révolution.

Louis XVI. — Malesherbes. Turgot. Necker. Les Etats généraux de 1789.

La Révolution. L'Assemblée constituante et ses réformes. L'Assemblée législative. L'invasion.

La Convention. — La Terreur. Le 9 thermidor. Première coalition. Traité de Bâle. Guerre de Vendée. Constitution de l'an III.

Le Directoire. — Campagne d'Italie. Expédition d'Egypte. Deuxième coalition. Campagne de 1799. Le 18 brumaire.

Le Consulat. — Constitution de l'an VIII. Réformes du Consulat. Campagne de 1800. Traités de Lunéville et d'Amiens.

L'Empire. — Gouvernement intérieur. Politique extérieure. Campagnes de 1805, 1806, 1807, 1809. Guerre d'Espagne. Blocus continental. Campagnes de Russie, de Saxe et de France. Invasion de 1814. Traité de Paris.

La Restauration. — La Charte. Les Cent jours. Traités de 1815. Louis XVIII. Résultats généraux de la Restauration. Charles X. Les ordonnances de Juillet. Révolution de 1830.

La Sainte-Alliance. — La France en Espagne. Résumé sur l'émancipation des colonies espagnoles et portugaises, sur l'insurrection de la Grèce. Bataille de Navarin.

Louis-Philippe. — Charte de 1830. Occupation d'Ancône. Indépendance de la Belgique.

Résumé de la question d'Orient et du rôle joué par Méhémet-Ali.

Conquête de l'Algérie. Résultats généraux du gouvernement de Juillet.

Révolution de 1848. — Son contre-coup en Europe. Coup d'Etat du 2 décembre 1851. Le second Empire.

Guerre de Crimée. — La question italienne. Guerre d'Italie. Résumé de la guerre de 1866.

Résumé de la guerre de Sécession, de la guerre du Mexique et des guerres en Extrême-Orient.

Guerre de 1870. — Chute de l'Empire. Gouvernement de la Défense nationale. Deuxième partie de la guerre. La République. Lois constitutionnelles de 1875.

Résumés des principaux événements survenus en Europe depuis 1875.

Ouvrages mis à la disposition des élèves et des professeurs.

1° *Victor Duruy* : Petite histoire générale. (Parties du livre à utiliser : Histoire ancienne, pages 1 à 81. Histoire du moyen âge, pages 85 à 122. Histoire moderne, pages 127 à 156).

2° *G. Ducoudray* : Histoire générale de 1610 à nos jours.

Nota. — L'enseignement sera limité aux parties des deux ouvrages d'histoire mentionnés sur le programme.

Editeur : Hachette, 79, boulevard Saint-Germain.

Cours de géographie.

1er *Degré.*

Etude de la France.

Géographie générale. — Situation de la France. Géologie.

Relief du sol. Climats. Côtes. Fleuves. Productions. Population.

Etude des régions de la France. — Massif central, région du Nord-Est, région de l'Ouest, région du Sud-Ouest, région de l'Est.

Géographie politique. — Unité territoriale de la France. Organisation politique et administrative. Défense du territoire. Etat économique.

Colonies françaises. — Empire colonial français. L'Algérie. La Tunisie. L'Indo-Chine française. Colonies secondaires.

Etude de l'Europe.

Géographie physique.
Géographie politique.
Péninsule des Balkans.
L'Italie.
La péninsule Ibérique.
Grande-Bretagne et Irlande.
Pays-Bas.
Suisse.
Allemagne.
Autriche-Hongrie.
L'empire russe.
Les Etats scandinaves.
La civilisation européenne.

Le cours sera complété par de nombreux exercices de cartographie faits de mémoire au tableau noir.

2e Degré.

Etude des parties du monde.

Océanie. — Description générale. La Malaisie. Mélanésie. Micronésie. Polynésie. L'Australie. Le pôle Sud.

Amérique. — L'Amérique du Nord ; description générale. Le pôle Nord. Le Dominion canadien. Les Etats-Unis. Le Mexique. L'Amérique centrale. Les Antilles.

L'Amérique du Sud ; description générale. Les Etats du Pacifique. Les Etats de l'Atlantique.

L'Afrique. — Description générale. L'Afrique méditerranéenne. L'Afrique intérieure. L'Afrique littorale de l'Est et de l'Ouest.

L'Asie. — Géographie physique. L'Asie politique. L'Asie septentrionale ou russe. L'Asie orientale. L'Asie méridionale. L'Asie occidentale. La civilisation de l'Asie.

Le cours sera complété par de nombreux exercices de cartographie faits de mémoire au tableau noir.

Ouvrages mis à la disposition des professeurs et des élèves.

P. Schrader et L. Gallouédec : I° Petit cours de géographie. (Partie du livre à utiliser : Pour le 1er degré, de la page 251 à la page 415 et de la page 175 à la page 248 ; pour le 2e degré de la page 45 à la page 173.)
2° Petit atlas de géographie.
Editeur : Hachette, 79, boulevard Saint-Germain.

Cours d'arithmétique.

1er *Degré.*

Revision des principes élémentaires de l'arithmétique. Addition. Soustraction. Multiplication des nombres entiers. Principes ayant trait à la multiplication.
Division des nombres entiers.
Divisibilité des nombres. Généralités sur les fractions ordinaires. Nombres fractionnaires. Addition et soustraction des fractions.
Multiplication et division des fractions. Fractions décimales. Addition, soustraction et multiplication des fractions décimales.
Division des fractions décimales.
Transformation d'une fraction ordinaire en fraction décimale et réciproquement.

2e *Degré.*

Système métrique.
Méthode de réduction à l'unité. Règles de trois.
Règles d'intérêt. Partage d'une somme en parties proportionnelles.
Addition algébrique. Règle des signes.

Ouvrages mis à la disposition des professeurs.

Leyssenne : la troisième année d'arithmétique, livre du maître.

Ouvrages mis à la disposition des élèves.

Leyssenne : la deuxième année d'arithmétique. (Parties du livre à utiliser : les cinq premières parties, pages 1 à 281, en limitant l'enseignement aux indications du programme.)
Editeur : Armand Colin, 5, rue de Mézières.

Cours de géométrie et de topographie.

1er *Degré.*

Définitions. Angles adjacents. Angles opposés par le sommet.

Cas d'égalité des triangles.

Triangle isocèle. Bissectrice. Propriétés de la perpendiculaire et de l'oblique. Cas d'égalité des triangles rectangles.

Des droites parallèles.

Angles dont les côtés sont parallèles ou perpendiculaires. Quadrilatères. Propriétés du parallélogramme.

Circonférence. Propriétés des cordes égales. Du rayon perpendiculaire à une corde.

Tangente à une circonférence.

Mesure des angles et des arcs avec le rapporteur.

2e *Degré.*

Usage de la règle, du compas, de l'équerre et du rapporteur.

Lignes proportionnelles. Triangles semblables.

Mesure des surfaces.

Surface d'un polygone. Surface d'un cercle.

Applications numériques. Définition et mesures des principaux solides (donner sans démonstration les formules de leur volume). Courbes usuelles.

Topographie. — Cartes, échelles.

Figuré du terrain. Signes conventionnels.

Courbes de niveau et hachures.

Lecture de la carte.

Ouvrages mis à la disposition des professeurs.

Leyssenne : La troisième année d'arithmétique, livre du maître. (2e semestre, géométrie.)

Ouvrages mis à la disposition des élèves.

Leyssenne : La troisième année d'arithmétique. (Parties du livre à utiliser : Géométrie plane, de la page 3 à la page 114 ;

Géométrie dans l'espace, de la page 178 à la page 213, parties qui correspondent aux indications du programme ;

Topographie, de la page 114 à la page 177.)

Editeur : Armand Colin, 5, rue de Mézières.

CHAPITRE II.

PROGRAMMES D'INSTRUCTION MILITAIRE.

(Modif. le 9 mai 1903.)

1° Enseignement théorique.

I. — Règlement sur l'exercice et les manœuvres de l'infanterie (école du soldat, de section et de compagnie).

II. — Instruction sur le service de l'infanterie en campagne.

III. — Règlement sur le service intérieur des corps de troupe d'infanterie (1).

IV. — Règlement sur le service des places (2)

V. — Règlement sur l'instruction du tir et instruction sur l'armement, les munitions, les champs de tir et le matériel de l'infanterie.

VI. — Instruction sur les travaux de campagne à l'usage des troupes d'infanterie.

VII. — Manuel de gymnastique.

VIII. — Lecture de la carte au 1/80.000ᵉ.

IX. — Comptabilité de compagnie.

2° Enseignement pratique.

I. — L'école du soldat et l'instruction du tir comme instructeur.

---

(1) Les sous-officiers ne sont pas interrogés sur les articles suivants : service intérieur (art. 6, 7, 8, 10, 11, 12, 15. 16, 17, 18, 21, 22, 23, 25, 26, 31, 32, 33, 34, 35, 36. 38. 39, 40, 41, 42, 43, 46, 50, 52. 54, 56, 61, 68, 70, 72, 76, 78, 250, 251, 252, 253, 254, 255, 261, 262, 263, 264, 265, 266, 268, 278, 361 à 376 inclus, 383, 384, 385, 386, à partir du 8ᵉ alinéa ; 398, 401, 402, 449).

Service des places (chapitre IV, art. 52, 53, 54, 55 ; chapitres XIV, XVIII, XXVII, XXIX, XXX).

(2) *Circulaire relative à l'achat des ouvrages nécessaires aux cours des écoles régimentaires des corps de troupe d'infanterie.*

Paris, le 6 août 1901.

Les corps de troupe d'infanterie qui désireraient se procurer des exemplaires des livres d'étude dont l'emploi est prescrit par l'instruction du 6 août 1901 sur le service des écoles régimentaires des corps de troupe d'infanterie et sur la préparation des candidats à l'École militaire d'infanterie, devront les acheter sur les allocations dont ils disposent au titre de leur masse des écoles.

A cet effet, ils adresseront directement une demande affranchie aux éditeurs ci-après, qui expédieront les exemplaires franco de port et

II. — Commandement de la section isolée et dans la compagnie, à rangs serrés et en terrain variés.

III. — Commandement d'une pointe d'avant-garde, d'une patrouille d'un petit poste au service en campagne.

IV. — Gymnastique comme exécutant et comme instructeur.

V. — Escrime comme exécutant.

———

d'emballage, frais de recouvrement à leur charge, avec une réduction sur les prix du catalogue :

1° *Librairie Hachette et Cie, n° 79, boulevard Saint-Germain à Paris. — Remise 25 p. 100.*

Livre de l'élève.

	Prix du catalogue.
Petite histoire générale (Duruy)	1 »
Histoire générale de 1610 à nos jours (Ducoudray)	3 50
Petit cours de géographie (Schrader)	2 »
Petit atlas de géographie, dernière édition (Schrader)	3 50

2° *Librairie Armand Colin (MM. Max Leclerc et H. Bourrelier). rue de Mézières, n° 5, à Paris. — Remise 10 p. 100.*

Livre de l'élève.

2ᵉ année de grammaire (Larive et Fleury)	1 25
2ᵉ année d'arithmétique (Leyssenne)	1 70
3ᵉ année d'arithmétique (2ᵉ semestre) (Leyssenne)	1 75

Livre du maître.

2ᵉ année de grammaire (Larive et Fleury)	2 50
3ᵉ année de grammaire, id.	3 »
Exercices français (3ᵉ année), id.	4 »
3ᵉ année d'arithmétique (Leyssenne)	4 »

ANNEXE N° 2.

Matériel.

La salle d'école a un mobilier composé comme il suit :
Une estrade pour le professeur ;

Un bureau avec tiroir fermant à clef placé sur l'estrade ;
Six chaises ;
Des tables garnies d'encriers et de bancs ;
Une armoire fermant à clef munie de ses rayons ;
Le nombre de lampes nécessaires ;
Les murs sont garnis de porte-manteaux en nombre suffisant.

Le matériel fixe d'enseignement comporte :

1° Un globe terrestre ;
2° Des cartes géographiques collées sur toile et accrochées au mur ;
3° Un relief représentant les diverses formes du terrain ;
4° Un tableau noir.

Le matériel mobile comprend les livres, objets divers et fournitures nécessaires à l'enseignement tant du cours préparatoire que du cours primaire de compagnie.

Le capitaine directeur tient :

1° Un registre du personnel des écoles modèle n° 2 sur lequel figurent les professeurs et les élèves du 1er et du 2e degré, ainsi que les mutations les concernant ;
2° Un registre du matériel modèle n° 3.

Il fait établir les pièces de dépenses pour l'achat des fournitures nécessaires à l'enseignement des cours primaire et préparatoire.

*CORPS D'ARMÉE.
* DIVISION.
* BRIGADE.

MODÈLE Nº 1.

° RÉGIMENT D'INFANTERIE.

CONCOURS

*pour l'admission à l'Ecole militaire d'infanterie
en 190 .*

CERTIFICAT d'instruction militaire théorique et pratique délivré à M.   , nº matricule (Grade)   à la   ° compagnie du   e bataillon.

La commission du   ° régiment d'infanterie certifie qu'au point de vue de l'instruction militaire théorique et pratique, M.   est apte à être proposé pour le grade de sous-lieutenant.

A   , le   190 .

Le Major,   *Les Chefs de bataillon,*

Le Lieutenant-colonel,   *Le Colonel,*

MOYENNE DES NOTES OBTENUES

(exprimée dans la notation de 0 à 20).

Instruction militaire théorique................
Manœuvres à rangs serrés et en terrain variés.
Service en campagne...........................
Escrime.......................................
Gymnastique...................................

CIRCULAIRE DU 7 NOVEMBRE 1901

relative à l'application aux troupes coloniales de l'instruction du 6 août 1901 sur le service des écoles régimentaires des corps de troupe d'infanterie et sur la préparation des candidats à l'École militaire d'infanterie (1).

L'instruction du 6 août 1901, sur le service des écoles régimentaires de corps de troupes d'infanterie et sur la préparation des candidats à l'École militaire d'infanterie, est applicable aux corps de troupes d'infanterie coloniale, sous réserve des modifications et additions suivantes :

CHAPITRE Ier.

(Sans changement.)

CHAPITRE II.

(Sans changement.)

CHAPITRE III.

Remplacé par le suivant :

« Dans les corps de troupes d'infanterie coloniale stationnés en France, le cours préparatoire comporte deux degrés, tandis qu'il est réduit au 1er degré dans les corps de cette arme stationnés aux colonies.

« En France, le cours préparatoire n'est interrompu que pendant la période des manœuvres.

« L'année scolaire commence le 1er mars et se termine :

« Pour le cours du 1er degré, le 15 février de l'année suivante :

« Pour le cours du 2e degré, le jour où les sous-officiers déclarés admissibles sont mis en route pour aller passer les examens oraux.

« Les programmes des cours doivent être épuisés avant la fin de l'année scolaire de manière que les officiers professeurs puissent consacrer un certain nombre de séances à la revision des matières les plus importantes.

« Le cours préparatoire est facultatif.

« L'admission aux cours du premier et du deuxième degrés est prononcée, sur la demande des intéressés, par le chef de corps.

---

(1) Modifiée le 11 novembre 1902.

Cours du premier degré.

« Sont admis à suivre le cours du premier degré, les sous-officiers, caporaux et élèves caporaux ayant plus d'un an de service, susceptibles de concourir par la suite pour l'admission à l'Ecole militaire d'infanterie.

« Le fait de suivre ce cours ne donne droit à aucune dispense de service colonial. »

Cours du deuxième degré.

« Ce cours est réservé exclusivement aux sous-officiers qui doivent être présentés par le chef de corps, dans l'année courante, pour le grade de sous-lieutenant.

« Les chefs de corps ne doivent donner l'autorisation de suivre ce cours qu'à des sujets qui, par leur conduite, leur éducation, leur instruction, leurs services et leurs qualités militaires, sont aptes à être proposés pour le grade de sous-lieutenant et qui remplissent les conditions prévues par l'article 1er de l'instruction du 29 avril 1901, complétée par la circulaire du 9 juillet suivant (1), relative à l'admission des sous-officiers à l'Ecole militaire d'infanterie.

« Aux colonies, le cours préparatoire (1er degré) fonctionne dans les limites compatibles avec les exigences du service et suivant les ordres donnés par le commandant supérieur des troupes, mais aucun officier ou homme de troupe ne peut être dispensé de service au titre de ce cours. »

Répartition de l'enseignement.

Sans changement, en ajoutant le paragraphe suivant :

« Dans les corps d'infanterie coloniale, le nombre de séances du cours du 2e degré et la répartition de ces séances, entre la 1re et la 2e période, sont fixés par les chefs de corps, après approbation du général commandant le corps d'armée des troupes coloniales, de manière à assurer aux candidats la meilleure préparation aux examens d'admission à l'Ecole militaire d'infanterie, en une seule année, et sans qu'ils aient nécessairement suivi au préalable le cours du 1er degré. »

CHAPITRE IV.

PERSONNEL.

Sans changement, en ajoutant l'alinéa suivant :

« Dans les troupes coloniales, le capitaine, qui est directeur

---

(1) Aujourd'hui article 1er de l'instruction du 20 juillet 1902.

des écoles régimentaires, et les officiers chargés des cours, sont choisis parmi ceux ayant au moins un an de séjour à accomplir en France avant d'être appelés à servir aux colonies. »

CHAPITRE V.

ATTRIBUTIONS DU PERSONNEL.

Supprimer le 2⁰ paragraphe.

CHAPITRE VI.

EXAMEN.

Remplacer les six premiers paragraphes par les suivants :

« Dans la deuxième quinzaine de juillet, les sous-officiers en service en France susceptibles d'être présentés pour le grade de sous-lieutenant dans l'année sont soumis à un examen sur les matières du programme qui ont été professées à cette date au cours du 2⁰ degré, qu'ils aient suivi ou non les cours.

« La commission d'examen est composée de la manière suivante :

« Le lieutenant-colonel, président ;

« Le chef de bataillon du sous-officier examiné ; les officiers du cours du 2⁰ degré, membres.

« L'examen comporte des épreuves écrites analogues à celles du concours d'admission à l'Ecole militaire d'infanterie et des interrogations sur les parties du programme professées depuis l'ouverture du cours du 2⁰ degré.

« Aux colonies, il appartient au commandant supérieur des troupes de fixer la composition de cette commission d'examen suivant le personnel disponible des garnisons, mais en ayant soin de la faire présider par un officier supérieur.

« L'examen, qui a lieu également dans la deuxième quinzaine de juillet, porte sur toutes les matières du programme pour l'admission à l'Ecole de Saint-Maixent. »

(Le reste sans changement.)

CHAPITRE VII.

(Sans changement.)

CHAPITRE VIII.

CERTIFICAT D'INSTRUCTION MILITAIRE.

Remplacé par le suivant :

« Dans chaque corps de troupe, en France, une commission

composée du chef de corps et des officiers supérieurs délivre le certificat d'instruction militaire aux sous-officiers qu'elle juge aptes, au point de vue professionnel, à être proposés pour le grade de sous-lieutenant.

« La constatation de l'aptitude professionnelle des candidats comporte des épreuves analogues à celles de l'examen d'admission à l'École militaire d'infanterie. Ces épreuves, qui doivent porter sur toutes les matières du programme d'instruction militaire, sont subies (aux colonies comme en France) dans la 2e quinzaine de juillet, aussitôt après l'examen prescrit au chapitre VI.

« Le certificat conforme au modèle n° 1 n'est délivré qu'aux candidats qui ont obtenu une note moyenne égale ou supérieure à 8 dans chaque matière, et une note moyenne égale ou supérieure à 13 pour l'ensemble des matières du programme d'instruction militaire.

« Aux colonies, le commandant supérieur des troupes fixe la composition de la commission d'examen suivant le personnel disponible des garnisons, en ayant soin de la faire présider par un officier supérieur.

« Les sous-officiers des sections de secrétaires d'état-major coloniaux, d'infirmiers militaires et de secrétaires et ouvriers militaires du commissariat des troupes coloniales, se présentent, pour obtenir le certificat, devant la commission d'un corps d'infanterie coloniale désigné par le général commandant le corps d'armée des troupes coloniales, en France, et par le commandant supérieur des troupes, aux colonies, et autant que possible le plus voisin de leur résidence. »

CHAPITRE IX.

(Sans changement.)

CHAPITRE X.

(Nouveau) à ajouter :

« Sont abrogées les prescriptions antérieures contraires aux dispositions actuelles, et notamment l'arrêté ministériel (marine) du 25 février 1889 portant réorganisation des écoles régimentaires dans l'infanterie de marine. »

ANNEXES ET MODELES.

(Sans changement.)

ÉCOLES RÉGIMENTAIRES.

Modèle Nº 1.

(Annexe nº 2 du règlement.)

° RÉGIMENT D'INFANTERIE.

REGISTRE DU PERSONNEL DES ÉCOLES.
(*Professeurs et élèves.*)

NOMS.	GRADES.	
		1er
		2e

PROFESSEURS DU COURS PRÉPARATOIRE.

MUTATIONS ET OBSERVATIONS.

degré.

degré.

NUMÉROS.			NOMS.	GRADES.
BATAILLON.	COMPAGNIE.	MATRICULES.		

DU COURS PRÉPARATOIRE (1er degré).

MUTATIONS ET OBSERVATIONS.

CHAPITRE III. — LISTE DES ÉLÈVES DU COURS

NUMÉROS.			NOMS.	GRADES.
BATAILLON.	COMPAGNIE.	MATRICULES.		

MUTATIONS ET OBSERVATIONS.

CHAPITRE IV. — LISTE DES ÉLÈVES DU COURS

NUMÉROS.			NOMS.	GRADES.
BATAILLON.	COMPAGNIE.	MATRICULES.		

PRÉPARATOIRE (2ᵉ degré, 2ᵉ période).

MUTATIONS ET OBSERVATIONS.

e RÉGIMENT D'INFANTERIE.

REGISTRE

du Matériel des Ecoles.

DATES.	DÉTAIL.	DÉNOMINATION DES OBJETS.										OBSERVATIONS.
	TOTAUX......											
	Report des sorties.											
	Reste au dernier jour du trimestre.											

LIERS DU SERVICE DU GÉNIE. SORTIES.

DATES.	DÉTAIL.	DÉNOMINATION DES OBJETS.										OBSERVATIONS.
	TOTAUX......											

CHAPITRE II. — MATÉRIEL

DATES.	DÉTAIL.	DÉNOMINATION DES OBJETS.												DÉCOMPTE en ARGENT.
	Prix...													
	Totaux..													
	Report des sorties........													
	Reste au dernier jour du trimestre....													

ACHETÉ PAR LE CORPS.   SORTIES.

DATES.	DÉTAIL.	DÉNOMINATION DES OBJETS.													DÉCOMPTE en ARGENT.
	Prix...														
	Totaux..														

CHAPITRE III. — Dépenses.

DATES.	NOMS et ADRESSES des fournisseurs.	DÉTAIL.	PRIX de L'UNITÉ.	MONTANT.	MONTANT de la FACTURE.

CHAPITRE IV. — Objets fournis aux compagnies.

NUMÉROS.		DATES.	DÉTAIL.	PRIX DE L'UNITÉ.	VALEUR.	NUMÉROS.		DATES	DÉTAIL.	PRIX DE L'UNITÉ.	VALEUR.
BATAILLON.	COMPAGNIE.					BATAILLON.	COMPAGNIE.				

Paris et Limoges. — Imprimerie militaire Henri CHARLES-LAVAUZELLE.

Librairie militaire Henri CHARLES-LAVAUZELLE

Paris et Limoges.

REFONTE DU BULLETIN OFFICIEL DU MINISTÈRE DE LA GUERRE

Notice n° 8 sur la fabrication du biscuit de troupe. Notice n° 9 sur la fabrication du pain de guerre. (28 février 1903). Annexe au volume n° 92, 90 pages, broché.. » 50

Instruction du 22 août 1899, sur le service des subsistances militaires en campagne. 98 pages, cartonné................................. 1 50

1° Instruction sur l'alimentation en campagne (14 juin 1900); **2° Instruction sur l'alimentation dans les centres de mobilisation** (15 juin 1900). (A jour jusqu'en décembre 1903.) 64 pages...................... » 60

Instruction du 3 septembre 1900 sur les achats à caisse ouverte par les commissions de réception du service du ravitaillement. 20 pages.. » 30

Instruction sur l'alimentation et le ravitaillement en viande des troupes en campagne (18 mars 1901), suivie des annexes et modèles. 125 pages, broché, 1 fr. 25; relié toile................................. 2 »

Instruction du 22 août 1899 concernant les officiers d'approvisionnement. 148 pages, cartonné.. 2 »

Service des subsistances militaires. — **Boulangeries roulantes de campagne.** (Volume arrêté à la date du 24 août 1903.) 124 pages, cart.. 1 »

Instruction sur les boulangeries légères de campagne. (Edition mise à jour des textes en vigueur.) Volume in-8° de 118 pages avec nombreuses figures, tableaux et annexes, broché, 1 fr. 10; relié toile gaufrée.... 1 75

Instruction du 18 août 1902 sur l'alimentation pendant les transports en chemin de fer et sur l'organisation et le fonctionnement des stations haltes-repas. Cartonné.................................... » 80

Table alphabétique des documents compris dans les volumes de l'édition refondue du *Bulletin officiel du ministère de la guerre.* Volume in-8° de 90 pages... 1 »

Table analytique par volume, et dans chaque volume par service et subdivision de service, de l'édition refondue du *Bulletin officiel du ministère de la guerre.*
1er volume, formé des volumes 1 à 60 inclus. — 540 pages............. 4 »
2° volume, formé des volumes 61 à 108 inclus. — 540 pages............ 4 »

Table chronologique des textes en vigueur à la date du 1er janvier 1902, compris dans les numéros 1 à 108 publiés, formant l'édition refondue du *Bulletin officiel du ministère de la guerre.* — 286 pages............. 2 50

Tenue des troupes : 1° en campagne; 2° en Afrique (à jour en 1902). 64 pages, broché, 0 fr. 60; relié toile...................................... 1 25

Service de la trésorerie et des postes aux armées (à jour au 15 octobre 1898). 64 pages, avec deux tracés figuratifs hors texte dont un en couleurs indiquant la circulation des dépêches sur une ligne de 120 kilomètres pendant une marche en avant de six jours suivie de deux jours de stationnement, broché, 1 fr.; relié toile.. 1 50

Transports militaires par chemins de fer (guerre et marine) (à jour en octobre 1902). 712 pages, cartonné..................................... 5 50

Transports militaires par chemins de fer : Règlement sur les transports ordinaires (guerre et marine). *Décret du 4 juin* 1902. (Annexe au volume n° 100 du *B. O.* refondu). Brochure in-8° de 60 pages......... » 50

Transports ordinaires du matériel de la guerre (à jour en juin 1902). 214 pages, cartonné.. 1 75

Transports maritimes. Transport du personnel et du matériel de la guerre entre la France, l'Algérie et la Tunisie, pour une période de dix années à partir du 12 mars 1898. 100 pages, broché, 1 fr.; relié toile. 1 75

Librairie militaire Henri CHARLES-LAVAUZELLE

Paris et Limoges.

Service maritime postal entre le Continent et la Corse (édition mise à jour jusqu'au 1er avril 1902). Brochure in-8° de 48 pages...................... » 60

Instruction du 1er mai 1897 pour l'exécution des transports de la guerre par navires de commerce. 128 pages, broché, 1 fr. 25; relié toile.. 1 75

Description du 12 avril 1892 des uniformes des officiers généraux, des officiers sans troupe et des employés militaires des différents corps ou services, et **description du harnachement des chevaux de selle des** officiers généraux et assimilés (à jour au 15 septembre 1896). 172 pages, broché, 1 fr. 25; relié toile.. 2 »

Description du 28 septembre 1897 des uniformes de l'infanterie (à jour au 15 août 1901). 262 pages, broché, 2 fr. 50; relié toile............. 3 50

Description du 15 janvier 1899 des uniformes de la cavalerie (à jour au 1er juillet 1900). 248 pages, broché, 2 fr.; relié toile............. 3 »

Description des uniformes de l'artillerie, du génie et du train des équipages militaires (à jour en juillet 1903). 293 pages, cartonné.. 2 25

Description de l'uniforme de l'Ecole supérieure de guerre. 28 pages.. » 50

Description de l'uniforme du Prytanée militaire (édition à jour jusqu'au 1er janvier 1900). 46 pages...................................... » 50

Description de l'uniforme de l'Ecole polytechnique (édition à jour au 1er janvier 1900). 40 pages.. » 50

Description de l'uniforme de l'Ecole spéciale militaire (édition à jour au 1er janvier 1900). 100 pages..................................... 1 »

Description de l'uniforme de l'Ecole d'application de l'artillerie et du génie. 12 pages... » 25

Description de l'Ecole d'application de cavalerie (édition à jour au 1er janvier 1900). 42 pages...................................... » 50

Description de l'uniforme de l'Ecole d'application de médecine et de pharmacie militaire. 8 pages..................................... » 25

Description de l'uniforme de l'Ecole du service de santé militaire. 32 pages.. » 50

Description de l'uniforme de l'Ecole d'administration militaire. 12 pages.. » 25

Description de l'uniforme de l'Ecole normale de gymnastique et d'escrime. 8 pages... » 25

Description de l'uniforme des Ecoles de tir. 8 pages............. » 25

Description de l'uniforme de l'Ecole militaire d'infanterie (édition mise à jour jusqu'au 1er janvier 1900). 20 pages................... » 50

Description de l'uniforme de l'Ecole militaire de l'artillerie et du génie. 20 pages.. » 50

Description de l'uniforme des Ecoles militaires préparatoires et de l'Orphelinat Hériot (édition à jour au 1er janvier 1900). 26 pages.. » 50

Nomenclature du matériel du service du harnachement des chevaux de la cavalerie (édition du 29 septembre 1898). 64 pages, broché, 0 fr. 75; relié toile.. 1 25

Nomenclature L. du service de la remonte générale (édition du 27 novembre 1902). 72 pages, broché................................. » 75

Nomenclature générale du 13 août 1899 du matériel du service de santé. 580 pages, broché 4 fr. 50; relié toile................... 5 50

Le catalogue général de la Librairie militaire est envoyé gratuitement à toute personne qui en fait la demande à l'éditeur Henri CHARLES-LAVAUZELLE.

www.ingramcontent.com/pod-product-compliance
Lightning Source LLC
LaVergne TN
LVHW010331030726
842520LV00004B/1390